Tierras fascinantes que invitan al viaje placentero por paisajes donde la naturaleza se hace infinita. Un horizonte que se aleja hasta perderse en la vasta llanura de las pampas, un vacío interminable que parece expandirse ocupando todo el territorio. Un país que escapa a los límites y que sólo los encuentra en ese blanco azulado de los hielos del sur, o en los impactantes matices verdes de los trópicos del noreste, desde la majestuosa cordillera del oeste a las espesas selvas y los mágicos bosques de Chaco y Misiones, hasta los dorados paisajes del noroeste.

Como una obra de arte natural que quita el aliento con su belleza y su exhuberancia, Argentina hace pensar en el carácter simple de las cosas. De lo múltiple a lo único y de lo elemental a lo incalculable.

La fertilidad de sus tierras, tan ricas como bondadosas, demuestra que sólo basta una semilla para producir una abundante cosecha. Lagos cristalinos que reflejan los sueños de un pueblo y ríos que en sus cursos de agua esconden historia y sentimientos de una nación llena de futuro y promesas. Así es Argentina, y así es su gente, una afortunada combinación de descendencia europea y aborígen que expresa la pasión y el espíritu de una identidad arraigada a sus tradiciones.

Todos estos atributos dan por resultado imágenes de profunda belleza que muestran, documentan y capturan a través de la cámara fotográfica ésta realidad: Argentina espectacular.

Fascinating lands that invite the traveler to a pleasant journey through landscapes where nature becomes infinite. A horizon that approaches and then recedes to get lost in the vast plain of the pampas, an endless emptiness that seems to expand until it covers the entire territory. A country that escapes its borders to find them only in the bluish whites of the southern ice or in the striking green shades of the northeastern tropics, from its majestic western cordillera to the thick forest and the magical woods of Chaco and Misiones, to the golden scenery of the northwest.

As a natural work of art, breathtaking in its beauty and exuberance, Argentina brings to mind the simple character of things, from the multiple to the unique and from the elemental to the incalculable.

The fertility of its lands, rich and bountiful, proves that only one seed is necessary to yield an abundant crop. Crystal lakes mirror the dreams of a people and in their streams, rivers conceal the history and feelings of a nation rich in future and promises. Such is Argentina, and such are its people, a fortunate combination of European and aboriginal descendants that expresses in its inhabitants the passion and the spirit of an identity clinging to its roots.

The result of all these attributes is a series of deeply beautiful images that, through the camera lens, show, document and capture this reality of a spectacular Argentina.

© COPYRIGHT E.O.S. 2003
Tucumán 1538 - 3º D (1050) Buenos Aires - Argentina
Telefax: 4374-2947/4820
e-mail: eos@soon.com
www.eosediciones.com.ar

Foto de tapa/Cover
"Los jinetes en Pilcaniyeu".
"*Pilcanuyeu riders*".

770	Limbrunner, Enrique
LIM	Argentina espectacular / Enrique Limbrunner y Mónica Incorvaia. – 1ª. ed.– Buenos Aires : EOS, 2003.
	1 E-Book.- (Argentina espectacular)
	ISBN 987-20732-0-1
	I. Incorvaia, Mónica II. Título – 1. Argentina-Fotografías

Fecha de catalogación: 14-05-03

ARGENTINA ESPECTACULAR
Spectacular Argentina

Fotografías y diagramación
Enrique Limbrunner

Textos
MONICA INCORVAIA

Coordinación y archivo
María Cristina Maglione

Corrección de textos
Martín G. Comamala
Natalia S. Echegaray

Armado y digitalización
Carola Quintanilla,
Marcelo Quintanilla
y Nicolás Foong

Traducción al inglés
Graciela Smith

Traducción al francés
Philippe Allemand

Cartografía
Miguel Forchi

Diseño isotipo E.O.S.
Sabrina Comamala
Antonio T. Ojea

4

LA REPUBLICA ARGENTINA
THE ARGENTINE REPUBLIC

NOROESTE
NORTHWEST

JUJUY

SALTA

FORMOSA

TUCUMÁN

CHACO

CATAMARCA

SANTIAGO DEL ESTERO

LA RIOJA

CORRIENTES

MISIONES

SAN JUAN

SANTA FE

NORESTE Y LITORAL
NORTHEAST & LITTORAL

CÓRDOBA

ENTRE RÍOS

SAN LUIS

CUYO

MENDOZA

Ciudad de Buenos Aires

LA PAMPA

BUENOS AIRES

CENTRO Y LLANURA PAMPEANA
HEARTLAND & PAMPEAN PLAINS

NEUQUÉN

RÍO NEGRO

CHUBUT

PATAGONIA

ANTÁRTIDA ARGENTINA
ARGENTINE ANTARCTIC SECTOR

SANTA CRUZ

TIERRA DEL FUEGO, ANTÁRTIDA, E ISLAS DEL ATLÁNTICO SUR

La presente publicación se ajusta a la cartografía oficial establecida por el Poder Ejecutivo Nacional a través del IGM -Ley 22.963- y fue aprobada por expediente Ns GG03 0867/5 de fecha 8 de mayo de 2003

América es el nombre de la esperanza humana...
La Argentina es un portentoso sueño increíblemente real.
Arturo Capdevila

Situada en el extremo sur del continente americano, Argentina es un país de privilegiadas características, ya sea por la diversidad climática, por su flora y fauna, su riqueza agrícola, ganadera y mineral.

Con una superficie de más de tres millones de kilómetros cuadrados (incluyendo tanto su parte continental como insular) deslumbra con paisajes providenciales. En un mismo territorio conviven selva, monte, llanura, cordillera, mar, lago y una gran variedad de climas en una misma época del año: las temperaturas oscilan entre 30 y 40 grados centígrados en el Norte y los 2 o 3 grados centígrados en el sur.

La riqueza de su suelo hace posible las más variadas explotaciones y da lugar a toda clase de industrias, desde la minera a la alimentaria. Su extensa costa atlántica es una de sus principales maneras de conexión con el mundo a través del intercambio comercial que allí se realiza. Además cientos de miles de turistas disfrutan cada verano kilómetros de coloridas playas.

Podemos considerar a la Argentina dividida en cinco grandes regiones, que comprenden, cada una de ellas, provincias unidas por la historia, la cultura o la realidad económica. El Noroeste, Noreste y Litoral, Cuyo, Centro y la Patagonia.

America is the name of human hope...
Argentina is a portentous, incredibly real dream.
Arturo Capdevila

Located at the southern end of the American continent, Argentina is a country with privileged features, whether we consider its climatic diversity, its flora and fauna, or its agricultural, cattle raising and mineral wealth.

With an area of over 1,158,300 square miles —which includes both its continental and its insular components— it dazzles the visitor with its providential landscapes. In the same territory, jungle, mountains, plain, cordillera, sea, lakes and a great variety of climates live together at the same time of the year: temperatures vary between 86 and 104 degrees Fahrenheit in the north and 35 or 37 degrees Fahrenheit in the south.

The richness of its soil allows for the most varied industrial operations, ranging from mineral extraction to the food industry.

Its extensive Atlantic coast constitutes one of its main connections to the world through the commercial exchange that takes place along it. Besides, hundreds of thousands of tourists enjoy its miles and miles of colorful beaches every summer.

Argentina may be seen as divided in five large regions; each of them formed by provinces linked through history, culture or the economic reality: the Northwest, the Northeast and the Littoral, *Cuyo*, the heartland and *Patagonia*.

La Avenida 9 de Julio "la más ancha del mundo" en el centro de la cosmopolita ciudad de Buenos Aires.

9 de Julio Avenue, the widest in the world, in the downtown area of the cosmopolitan city of **Buenos Aires**.

El sábado once de junio, con harta ceremonia, funda Garay a Buenos Aires, en el nombre del Padre, del Hijo y del Espíritu Santo. Está armado como para un torneo y en su coraza fulgura el sol.
Manuel Mujica Láinez
Misteriosa Buenos Aires

On Saturday June 11 th, with great ceremony, Garay founds Buenos Aires, in the name of the Father, the Son and the Holy Spirit. He is armed as if for a tournament and the sun flashes on his armor.
Manuel Mujica Láinez
Misteriosa Buenos Aires

BUENOS AIRES

Lo que hoy es la muy cosmopolita y bulliciosa Buenos Aires nació con el nombre de Ciudad de la Santísima Trinidad y puerto de Santa María del Buen Ayre. Fue establecida en 1580, por el valiente vasco Juan de Garay, en terrenos cercanos a la ubicación que en 1536 le diera su primer fundador, Pedro de Mendoza.

Aquel modesto caserío, se convirtió con el tiempo en la gran aldea que describieron los viajeros del siglo XIX y más tarde, en el siglo XX, se constituyó en una urbe ecléctica y llamativa donde se combinaron construcciones fastuosas y edificios de gran porte arquitectónico.

La gran inmigración que arribó entre 1870 y 1910, le otorgó una fisonomía particular, quizás única en América del Sur.

Buenos Aires reúne todas las manifestaciones de una ciudad moderna: destacados museos atesoran documentos fundamentales de la historia del país, así como obras de arte nacionales e internacionales que describen momentos irrepetibles.

En su centro histórico, la Plaza de Mayo, rodeada de edificios disímiles por su aspecto y contenido, podemos apreciar la Catedral Metropolitana, el Cabildo, la Casa de Gobierno. Su actividad comercial incluye galerías, shoppings y restaurantes que satisfacen todos los gustos e intereses. Enclave principal de este despliegue es la zona donde funcionara el antiguo puerto de Buenos Aires, conocido actualmente como Puerto Madero.

Modernos complejos cinematográficos exhiben los films más variados y los teatros ofrecen obras de calidad internacional con propuestas heterogéneas y atractivas. El movimiento cultural puede compararse con el de las más importantes capitales del mundo.

Las ferias artesanales tienen un particular atractivo con ofertas que van desde piezas antiguas hasta objetos de actualidad, realizados por los mismos artesanos que las comercializan.En el centro de esta actividad cultural está su gran coliseo, el Teatro Colón. Inaugurado el 25 de Mayo de 1908, ha sido repetidamente considerado la mejor sala lírica del mundo, tanto por los más destacados artistas como por los equipos científicos que han estudiado sus virtudes acústicas.

What we know today as the cosmopolitan, lively Buenos Aires was born under the name of City of the Holy Trinity and Port of Saint Mary of the Good Air. It was founded in 1580 by the brave Basque **Juan de Garay**, on a site near the location chosen by its first founder, **Pedro de Mendoza**, in 1536.

That modest hamlet gradually became the great village described by travelers in the nineteenth century; later, in the twentieth century, it became a striking, eclectic metropolis that combined luxurious constructions and buildings of magnificent architectural features.

The large migratory wave that arrived between 1870 and 1910 gave it a distinct physiognomy, perhaps unique in South America.

Buenos Aires gathers all the amenities of a modern city: notable museums treasure fundamental documents of the history of the country as well as national and international works of art that depict unrepeatable moments.

Its historic center, **Plaza de Mayo**, is surrounded by buildings of dissimilar features regarding their aspect and content: the Metropolitan Cathedral, the **Cabildo** —the colonial Town Hall— the Government House. Its commercial activity includes galleries, malls and restaurants that cater to all tastes and interests. The main area of concentration of these activities is what used to be the old port of Buenos Aires, currently known as **Puerto Madero**.

Modern movie complexes show the most varied films, and theaters offer attractive, heterogeneous plays of international quality. The cultural movement can be compared to that of the most important capitals of the world. There is also a wide range of free open air performances.

Crafts fairs are especially attractive, with displays ranging from antiques to modern objects made by the same craftsmen that sell them. In the midst of this cultural activity stands its grand concert hall, the **Colón** Theater. Inaugurated on May 25 th, 1908, it has been repeatedly considered the best lyrical hall in the world, both by the most distinguished artists and by scientific teams that have studied its acoustical virtues.

El obelisco, monumento construido en 1936 en la plaza de la República (izq.arr.). Vista aérea de la histórica Plaza de Mayo con la Casa Rosada, sede del gobierno nacional.
*The Obelisk, a monument erected in 1936 at the Square of the Republic (above left). Aerial view of the historic **Plaza de Mayo** and the Pink House, seat of the national government.*

Fuente de las Nereidas, en la Costanera Sur, realizada por la escultora Lola Mora (1866-1936) (izq.). Vista nocturna de Puerto Madero, el sector más moderno de la ciudad (arr.).
*The Fountain of the Nereids, placed at **Costanera Sur**, created by sculptress **Lola Mora** (1866-1936) (left). Night view of **Puerto Madero**, the most modern sector of the city (above).*

Función de gala en el Teatro Colón. Puede apreciarse el gran telón y su magnífica cúpula pintada por Raúl Soldi.

Gala performance in the **Colón** *Theater. Most noticeable are the grand curtain and the magnificent dome painted by* **Raúl Soldi***.*

TANGO

La ráfaga, el tango, esa diablura
los atareados años desafía;
hecho de polvo y tiempo, el hombre dura
menos que la liviana melodía
Jorge Luis Borges

Nacido en los arrabales de la ciudad, en las postrimerías del siglo XIX, el tango fue configurando a lo largo del tiempo un modo de decir que patentiza una cultura inimitable. Desde sus letras, que constituyen un testimonio sentimental y romántico hasta su baile, lleno de despliegue y sensualidad, atrae y representa el sentir ciudadano.

Hacia 1914, coincidiendo con el inicio de la Primera Guerra Mundial, el tango deja sus humildes orígenes para irrumpir en las clases altas y salir al exterior.

Carlos Gardel fue su más destacado intérprete, entre numerosos cantantes que junto a orquestas de prestigiosos músicos hicieron bailar a generaciones al ritmo de su singular y cadenciosa melodía, permitiéndoles soñar, amar y vibrar "al compás del bandoneón".

The gust, the tango, that devilry
the busy years defies;
made of dust and time, man lasts
less than the light melody.
Jorge Luis Borges

Born in the outskirts of the city at the end of the nineteenth century, the tango has gradually developed a mode of expression that characterizes an inimitable culture. With its lyrics, which offer a sentimental, romantic testimony, and its dance, full of display and sensuality, it attracts and represents the feelings of the citizen.

Towards 1914, at the same time that the First World War was starting, the tango left behind its humble origins to take over the higher classes and go abroad.

Carlos Gardel was the best singer of tango, among many other vocalists who, accompanied by orchestras of prestigious musicians, made generations dance to the rhythm of its singular, graceful melody, allowing them to dream, love and vibrate "in time with the **bandoneon**".

"Clavel del aire" título de un tango plasmado en relieve por Luis Perlotti en 1932 en la calle Caminito, del barrio de La Boca (arr.). Bajorrelieve alusivo al tango de V. Walter (1976) en La Boca (ab.). Una pareja porteña, Osvaldo y Pochi, bailando el tango en la feria de San Telmo, concita la atención de turistas de todo el mundo (der.).
"Clavel del aire", the name of a tango shaped in a relief by **Luis Perlotti** in 1932 on **Caminito** street, in the neighborhood of **La Boca** (above). Bas-relief allusion to the tango by **V. Walter** (1976) in **La Boca** (below). A **porteño** couple, **Osvaldo** and **Pochi**, dance tango at the **San Telmo** fair, attracting the attention of tourists from all over the world (right).

En las quebradas y bañados por donde corre
o donde brota el agua, la vegetación ha
adquirido un verdor triunfal [...] que convierte
todo ese erial en un espléndido jardín
Roberto J. Payró
En las tierras de Inti

In the gorges and swamps through which
the water runs or gushes forth, the vegetation has
acquired a triumphant verdant quality [...] that turns
all that barrenness into a splendid garden.
Roberto J. Payró
En las tierras de Inti

NOROESTE

El Noroeste abarca una extensa región montañosa que rodea una zona ligeramente ondulada, ubicada a 3500 metros de altura a la que se llama Puna. Entre los distintos cordones montañosos hay extensos salares, profundos valles y pintorescas quebradas. Éstas son estrechas hendiduras por cuyo fondo corren los ríos que las labraron en el transcurso de los siglos.

En la región habita una fauna variada e interesante que incluye mamíferos como las simpáticas llamas y vicuñas apreciadas por su lana, y los tapires y quirquinchos, característicos de nuestro país.

La actividad económica es diversa, con preeminencia de la explotación minera que se realiza especialmente en Jujuy, Salta y Catamarca y la industria alimentaria, con la explotación de la caña de azúcar y sus derivados en Tucumán, Jujuy y Salta, donde esta última también se destaca por sus excelentes vinos. Se elaboran artesanías tradicionales como el tejido (que produce los coloridos ponchos), la platería y la cerámica.

Las provincias que componen la región tienen un punto en común relacionado con su profunda fe religiosa que se aprecia en la cantidad de iglesias y capillas que se pueden encontrar en cualquier circuito turístico.

En el interior de una modesta capilla se puede llegar a ver un altar o un retablo ricamente ornamentado, consecuencia, precisamente de la mano de obra aborigen y de la presencia de las órdenes religiosas que se instalaron entre los siglos XVI y XVII.

Resulta habitual en estas provincias el relato de cuentos cuyos protagonistas son, con frecuencia, animales silvestres o seres imaginarios. En la campiña tucumana es muy común la creencia de que existe la Salamanca, una cueva o lugar misterioso situado en los cerros.

También la música posee un significado muy especial. Tanto los instrumentos como la danza tienen orígenes muy antiguos y se siguen practicando en la actualidad. Los bailes más característicos son el carnavalito y el pala pala donde, en este último, los bailarines imitan los movimientos del cuervo, cuyo nombre en quichua es precisamente pala pala.

The Northwest comprises an extensive mountainous region surrounding a slightly ondulating area, situated at an altitude of almost 11,500 feet, called **Puna**. Among the different mountain ranges there are salt flats, deep valleys and colorful gorges, thin cracks at the bottom of which run the rivers that have carved them for centuries.

The fauna of the region is varied and interesting and includes mammals such as the charming **llamas** and **vicuñas**, prized for their wool, and tapirs and andean armadillos, typical of our country.

The economic activity is diverse, with a predominance of mining operations which take place especially in Jujuy, Salta and Catamarca, and the food industry, with the processing of sugar cane and its sub products in Tucumán, Jujuy and Salta; the latter province is also well-known for its excellent wines. Traditional crafts of the area include woven articles —such as the colorful **ponchos**, silverwork and pottery.

The provinces that form this region have something in common: their profound religious faith, which can be appreciated in the number of churches and chapels found in any tourist circuit.

The interior of a modest chapel may boast a richly ornamented altar or retable, the product of a combination of aboriginal labor and the presence of the religious orders that settled in the area during the sixteenth and seventeenth centuries.

It is very common in these provinces to hear stories whose protagonists are frequently wild animals or imaginary beings. In the countryside of Tucumán there is a deep belief in the existence of the **Salamanca**, a cave or mysterious place in the hills.

The music also has a very special significance. Both the instruments and the dances have very ancient origins and have continued to the present. The most typical dances are the **carnavalito** and the **pala pala**; in the latter, the dancers imitate the movements of a crow, whose name in **Quechua** is, precisely, **pala pala**.

Procesión del Señor del Milagro en Salta (izq.). Procesión de la Virgen de Punta Corral en Tilcara (Jujuy), que se celebra en Semana Santa (arr.).
*Procession of Our Lord of Miracles in Salta (left). Procession of The Virgin of **Punta Corral** in Tilcara (Jujuy), celebrated during Holy Week (above).*

El Tren a las Nubes en Salta, cruzando el viaducto La Polvorilla, de 224m de largo y 70m de altura.

*The Train to the Clouds in Salta, crossing **La Polvorilla** viaduct, 735 feet long and 230 feet high.*

SALTA

Entre los más afamados valles está el de Lerma, donde se encuentra la antigua ciudad de Salta, apodada "la linda" por la belleza de su paisaje natural y de su peculiar arquitectura que logra combinar las artísticas líneas de la era colonial con las modernas y simples características de las construcciones actuales. En su remoto pasado fue asiento de una importante feria de mulas que proveía de estos animales a las ricas explotaciones mineras del Perú.

Desde la época colonial fue una ciudad rica y culta en donde se estableció la nobleza española. Su figura más representativa, Martín Miguel de Güemes, defendió a la provincia durante cinco años del ataque de los realistas.

Uno de sus edificios más emblemáticos es el cabildo, construido en 1783. Actualmente es sede del Museo Nacional. También podemos mencionar el convento de San Bernardo, que fuera hacia el siglo XVI hospital al cuidado de la orden de los padres Betlemitas.

El tren a las nubes es la gran atracción. Un recorrido total de 450 km que significa una cita obligada en un viaje por el Noroeste del país.

*Among the most famous valleys is the Valley of **Lerma**, the location of the ancient city of **Salta**, nicknamed "la linda" (the pretty one) due to the beauty of its natural scenery and of its peculiar architecture, which manages to combine the artistic lines of the colonial era with the modern, simple features of contemporary constructions. In its remote past it was the seat of an important mule market which provided these animals to the rich mining operations of Perú.*

*From colonial times it was a rich, cultured city chosen by the Spanish nobility to live in. Its most representative historical figure, **Martín Miguel de Güemes**, defended the province from the attacks of the Royalists during five years.*

*One of its most emblematic buildings is the **Cabildo** or town hall, built in 1783, currently the seat of the National Museum. Also worth mentioning is the convent of St. Bernard, which, during the sixteenth century, was a hospital in the care of the order of the Bethlehemites.*

The Train to the Clouds is a great attraction. Covering a total of about 280 miles, it is a must while visiting the Northwest of the country.

El paseo en teleférico permite apreciar en forma panorámica, la hermosa ciudad, coronada por el cerro San Bernardo (izq.arr.). En los fértiles valles Calchaquíes el pimiento es uno de los principales productos (izq.ab.). Iruya, un pueblo en el que parece haberse detenido el tiempo (der.).

*A ride on the aerial cable car gives the traveler a chance to appreciate a panoramic view of the beautiful city, crowned by Mt. **San Bernardo** (above left). In the fertile **Calchaqui** Valleys, the **pimiento** is one of the main products (below left). **Iruya**, a town in which time seems to have stopped (right).*

JUJUY

En esta provincia está la imponente quebrada de Humahuaca donde se encuentran pueblos que aún mantienen su sabor colonial. Un profundo sentimiento de tradición contribuye a dar esplendor a sus emotivas fiestas religiosas.

En la localidad de Humahuaca está el Museo del Carnaval Norteño, dedicado a esta manifestación de la cultura regional.

La iglesia de Yavi, por nombrar sólo una de las tantas que posee la provincia se encuentra cerca de la frontera con Bolivia. Salvo algunas modificaciones, se conserva tal como era en el siglo XVII, con una arquitectura muy sencilla, coronada por su torre lateral de base cuadrada y con su retablo cubierto en laminillas de oro. Jujuy ofrece la oportunidad de adentrarse en el pasado aborigen, pleno de significaciones religiosas.

*In the province of Jujuy lies the imposing **Humahuaca** Gorge, where the traveler can find towns that still preserve their colonial flavor. A deep feeling of tradition contributes to the splendor of their moving religious festivities.*

*The Museum of the Northern **Carnaval**, dedicated to this manifestation of regional culture, can be found in the town of **Humahuaca**.*

*The church of **Yavi**, among so many others in the province, is located near the border with Bolivia. Except slight modifications, it is preserved as it was in the seventeenth century; of very simple architecture, it is crowned by its square-based lateral tower and its altarpiece is covered in gold leaf. Jujuy offers the opportunity of going farther into the aboriginal past, rich in religious meaning.*

Santa Catalina, la localidad más septentrional de la Argentina (ab.).
El Cerro de los Siete Colores en Purmamarca (der.).
Santa Catalina, the northernmost point of Argentina (below).
*The Mount of Seven Colors in **Purmamarca** (right).*

TUCUMAN

Es la provincia más pequeña del territorio argentino. Su capital es conocida también como "jardín de la República" por el colorido de su Parque 9 de Julio. Desde la época colonial, hasta el día de hoy, se ha convertido en uno de los centros comerciales más ricos del noroeste.

Fué testigo de la declaración de la independencia proclamada el 9 de julio de 1816, por un congreso instalado en una casa particular que hoy conocemos como Casa de Tucumán, donde funciona un museo. En su plaza principal se levanta la estatua de la Libertad rompiendo las cadenas de la opresión, realizada por la escultora Lola Mora.

Por su parte, en el parque Los Menhires cerca de Tafí del Valle, se pueden apreciar numerosos monolitos precolombinos elevados por los antiguos habitantes de esta tierra. Éstos menhires habrían sido ídolos que los aborígenes de la región utilizaban tanto en sus hogares como en los campos. Usados en rituales y celebraciones dan testimonio, de que para ellos, Tafí era un valle sagrado. Otro ejemplo que demuestra la actividad indígena de la provincia son las ruinas de los Quilmes.

Ha sido cuna de estadistas y pensadores de trascendencia en la historia argentina.

Most prominent in this region is the province of Tucumán, the smallest in the Argentine territory. Its capital is also known as "the garden of the republic" on account of the profusion of colors in its 9 de Julio Park. From colonial times to the present, it has become one of the richest commercial centers of the Northwest.

It witnessed the Declaration of Independence, proclaimed on July 9 th, 1816 by a congress gathered at a private residence known today as Casa de Tucumán (House of Tucumán), now a museum. In its main square, the statue of Liberty, made by the sculptress Lola Mora, rises breaking the chains of oppression.

At Los Menhires Park near Tafí del Valle, Pre-Columbian monoliths erected by the ancient inhabitants of this land can still be admired. These monoliths may have been idols that the natives of the region worshipped both in their homes and on the fields. Used in ritual celebrations, they have remained as testimonials, proving that to them Tafí was a sacred valley. Another example of indigenous activity in the province are the ruins of the Quilmes natives.

Tucumán has been the birthplace of statesmen and thinkers of great importance in Argentine history.

Frente de la Casa de Tucumán (arr.). Jardines del Parque 9 de Julio (ab.).
Tafí del Valle, en camino hacia la Cuesta del Infiernillo (der.).
Front of the House of Tucumán (above). Gardens of 9 de Julio Park (below).
Tafí del Valle, on the way to the Cuesta del Infiernillo (Little Hell Slope) (right).

CATAMARCA

Esta provincia ofrece una zona con cuestas que atraen por sus "mil tonos de verde", como dice la letra de una de las zambas más famosas de la región. Su Catedral cuya construcción definitiva data de 1859, alberga una maravillosa imagen de la Virgen del Valle, muy venerada en todo el país. En la provincia, se la conoce popularmente como "La Morenita". Entre sus artesanías se destacan principalmente los objetos realizados con rodocrosita, una piedra semipreciosa que se conoce con el nombre de "Rosa del Inca".

Catamarca offers a very attractive hilly area with "a thousand shades of green", as the lyrics of one of the most famous *zambas* of the region indicate. Its Cathedral, whose final construction goes back to 1859, houses a marvelous image of Our Lady of the Valley, highly venerated all over the country. In the province, she is popularly known as "*La Morenita*". Among Catamarca's crafts, the most prominent work is done with rhodochrosite, a semi precious stone, known as "*Rosa del Inca*" (the Inca's rose).

Las mantas catamarqueñas son muy apreciadas por el colorido de sus bordados (arr. izq.). Dique Las Pirquitas (ab. izq.). Ciudad de Catamarca con su iglesia catedral (arriba).
*Blankets from **Catamarca** are highly appreciated for their colorful embroideries (above left). **Las Pirquitas** Dam (below right). City of **Catamarca** and its cathedral (above).*

SANTIAGO DEL ESTERO

Se encuentra al sudeste de esta región, donde particularmente el clima es algo más cálido. Zonas áridas y esteros se alternan formando parte de su peculiar geografía. Su capital es la ciudad más antigua del país y conserva varios de sus edificios coloniales. Fué fundada por Francisco de Aguirre, en 1553. El nombre surge de la unión de Santiago de Compostela, de donde era oriundo Aguirre con el estero que allí formaba el río Dulce. Las termas de Río Hondo, son un centro visitado durante todo el año.

*It is located in the southeast of this region, where the climate is particularly warmer. Arid areas alternate with marshes forming part of its peculiar geography. Its capital is the most ancient city in the country and has preserved several of its colonial buildings. Founded by **Francisco de Aguirre** in 1553, it derived its name from **Santiago de Compostela**, Aguirre's birthplace, and **estero**, the marsh formed there by the **Dulce** River. The thermal waters of the **Hondo** River constitute a spa visited year-round.*

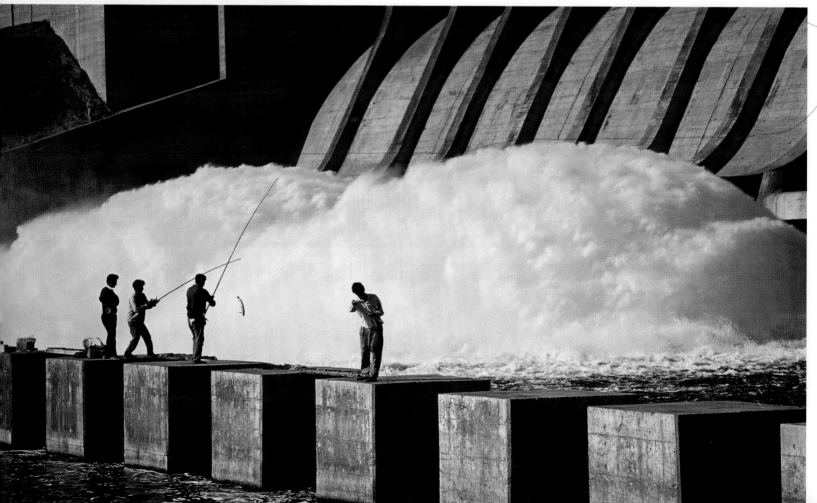

Vegetación cactácea típica de las planicies santiagueñas (izq.arr.). Vertedero del embalse del río Dulce, con abundante pesca (izq.ab.). La ciudad de Santiago del Estero (arr.).
*Cactus vegetation of the plains of Santiago del Estero (above left). Spillway of the **Dulce** River dam, with abundant fishing (below left). The city of **Santiago del Estero** (above).*

Estos cerros de Teyucuaré, tronchados a pico sobre
el río en enormes cantiles de asperón rosado,
por los que se descuelgan las lianas del bosque,
entran profundamente en el Paraná formando
hacia San Ignacio una honda ensenada,
a perfecto resguardo del viento sur.
Horacio Quiroga
Cuentos de monte y río

These hills of Teyucuaré, chopped off to a peak over
the river in huge cliffs of pink grindstone,
from which the lianas of the woods hang down,
penetrate deeply in the Paraná, forming
towards San Ignacio a deep inlet,
a perfect shelter from the south wind.
Horacio Quiroga
Cuentos de monte y río

NORESTE Y LITORAL

Esta región abarca la mesopotamia argentina, cuyos principales ríos, el Paraná y el Uruguay, ambos navegables, encierran a las provincias de Entre Ríos, Corrientes y Misiones. Incluye también las provincias de Formosa, Chaco y Santa Fe que poseen importantes litorales sobre el Paraná y en los mayores afluentes de éste: el Paraguay, el Pilcomayo y el Bermejo.

Una característica de esta región es la presencia de grandes ríos con numerosos afluentes, lagunas, bañados y amplios esteros. Su tierra y el clima subtropical, dieron origen a las más abundantes y variadas formaciones vegetales: selvas, bosques en galería y parques de armoniosa belleza.

Su industria está relacionada con el cultivo del algodón, la yerba mate y la explotación forestal.

Entre las actividades dedicadas a la explotación del subsuelo se destacan las canteras de yeso, caliza y manganeso, entre otros.

Poblando los maravillosos paisajes hay una variada y multitudinaria fauna. Mamíferos, aves y reptiles conforman el escenario animal que da colorido al lugar. Los tucanes y guacamayos vuelan sobre monos, jaguares y pecaríes, mientras los patos y las garzas comparten su territorio con el temible yacaré.

Una particularidad envuelve a esta región y es su exuberancia natural. Desde un territorio chaqueño impenetrable que empezó a conocerse hacia 1884 hasta una selva misionera enmarañada, han sido zonas donde la literatura desplegó sus mejores relatos con cuentos y novelas de gran popularidad.

En el Chaco austral y central, grupos aborígenes echaron raíces y lograron destacarse, entre otras habilidades, por su tejeduría. Por su parte, los indios guaraníes conformaron un grupo por demás importante que se ubicó en la zona litoral. En 1610 arribaron los jesuitas con la misión de evangelizar los territorios y construir pueblos. La fuerte alianza que se conformó entre los aborígenes y los religiosos dio por resultado la construcción de las reducciones que se extendieron también por Brasil y Paraguay, de las cuales ha quedado un testimonio que asombra y conmueve.

This region includes the Argentine **Mesopotamia**, whose main rivers, the **Paraná** and the **Uruguay**, both navigable, surround the provinces of Entre Ríos, Corrientes and Misiones. It also includes the provinces of Formosa, Chaco and Santa Fe, which have important littorals on the **Paraná** and on its main tributaries: the **Paraguay**, the **Pilcomayo** and the **Bermejo**.

A feature of this region is the presence of large rivers with numerous tributaries, lakes, swamps and wide marshlands. Its soil and its subtropical climate have contributed to the most abundant and varied vegetal formations: jungles, gallery forests and parks of harmonious beauty.

Its industry is related to the cultivation of cotton and **yerba mate** (mate tea) and to forestry.

Among the activities dedicated to extraction from the subsoil the most important are plaster, limestone and manganese mines.

A varied and multitudinous fauna populates the marvelous landscapes. Mammals, birds and reptiles form the animal scene, which gives color to the place. Toucans and macaws fly over monkeys, jaguars and peccaries, while ducks and herons share their territory with the fearsome **yacaré** ("cayman").

A peculiar characteristic of this region is its natural exuberance, ranging from an impenetrable **Chaco** territory that was barely known until 1884 to an entangled **Misiones** forest, areas that have inspired literature to unfold its best narrative in very popular novels and tales.

In southern and central **Chaco**, aboriginal groups established their roots and managed to excel in weaving among other skills. The **Guaranis**, in turn, conformed a very important group that settled in the littoral area. In 1610 the Jesuits arrived with the mission of evangelizing these territories and building towns in them. The strong alliance that developed between the natives and the religious order resulted in the construction of the reductions that extended also into Brazil and Paraguay, whose remains constitute a startling, moving testimony.

La confluencia de los ríos Paraná y Uruguay originan un enorme delta (izq.). Puente sobre la laguna Setúbal, que lleva al túnel subfluvial Hernandarias (arr.).
*The confluence of the **Paraná** and **Uruguay** rivers forms a huge delta (left). Bridge over Lake **Setúbal**, on the way to the **Hernandarias** sub-fluvial tunnel (above).*

ROSARIO

Está ubicada a orillas del río Paraná. Allí se encuentra el monumento a la Bandera, ícono vital en la historia del país, que rinde homenaje a Manuel Belgrano, quien la enarboló por primera vez cerca de este solar. También se destaca el Parque Independencia, paseo construido a principios del siglo XX.

Al norte de Rosario, en la localidad de San Lorenzo, se encuentra el convento de San Carlos Borromeo, donde en 1813 el general San Martín libró su primer combate por la independencia argentina.

Esta provincia constituyó uno de los principales centros de asentamiento de la población inmigrante llegada al país a fines del siglo XIX.

Lago en el Parque Independencia (arr.).
Club Náutico, en la orilla del río Paraná (ab.).
Lake in Independence Park (above).
*The Nautical Club, on the edge of the **Paraná** River (below).*

It is located on the **Paraná** River. The Monument to the Flag, vital icon in the history of the country, pays homage to **Manuel Belgrano**, who unfurled the flag for the first time near this site. Also worthy of notice is Independence Park, a promenade built at the beginning of the twentieth century.

North of **Rosario**, in the town of **San Lorenzo**, is the convent of **San Carlos Borromeo**, where General **San Martín** fought his first battle for Argentine independence in 1813.

This province was one of the main centers of settlement of the immigrant wave that arrived in the country at the end of the nineteenth century.

Monumento a la Bandera (arr.).
El convento San Carlos, en San Lorenzo (ab.).
Monument to the Flag (above).
The convent of **San Carlos**, in **San Lorenzo** (below).

ENTRE RIOS

En esta provincia se halla el Parque Nacional El Palmar, cercano a la localidad de Colón. Este interesante lugar está poblado por palmeras de la variedad yatay y por una extraordinaria fauna. A 30 km de la ciudad de Concepción del Uruguay se halla el Palacio San José, declarado monumento histórico; funciona actualmente como museo. Construido entre 1848 y 1858 por Justo José de Urquiza, era utilizado como casco residencial de sus inmensos campos.

*Notable in Entre Ríos is **El Palmar** National Park, near the city of **Colón**. This interesting place is populated by palm trees of the **yatay** variety and by an extraordinary fauna. About 18.6 miles from the city of **Concepción del Uruguay** is **San José** Palace; declared a historic monument, at present it works as a museum. Built between 1848 and 1858 by **Justo José de Urquiza**, it was used as the main residence of his huge fields.*

Perfíl de la ciudad de Paraná (arr.izq.). Palacio San José, donde viviera Justo José de Urquiza, primer presidente constitucional (izq.ab.). Parque Nacional El Palmar (arr.).
*Skyline of the city of **Paraná** (above left). **San José** Palace, the place of residence of **Justo José de Urquiza**, first constitutional president (below left). **El Palmar** National Park (above).*

CORRIENTES

En esta zona abundan las lagunas de agua dulce y los esteros, destacándose la inmensidad de los esteros del Iberá. Allí anidan diversas especies de aves como el biguá, garzas, yacarés y una gran variedad de fauna acuática. A 70 km de la capital de la provincia se sitúa el pueblo de Itatí. Cada 16 de julio cientos de peregrinos se acercan a la basílica en una de las fiestas religiosas más convocantes y reconocidas de la Argentina. La imagen de la Virgen descansa en una construcción culminada por una gran cúpula decorada con bellísimos vitraux conmemorativos.

*Lakes and marshes are abundant in Corrientes, where the immensity of the **Iberá** marshes stands out. Various species of birds like the **biguá**, herons, **yacarés** and a great variety of aquatic fauna make their nests there. The village of **Itatí** is 43.5 miles from the capital of the province. Every 16th of July hundreds of pilgrims approach its basilica during one of the most highly attended and best known religious festivities of Argentina. The image of the Virgin rests on a platform topped by a dome decorated with stained glass.*

Plaza Cabral en la ciudad de Corrientes (izq.arr.). Hojas de irupé en los esteros (izq.ab.). El río Paraná a la altura de la localidad balnearia de Empedrado (arr.).
Cabral Square in the city of **Corrientes** *(above left).* **Irupé** *leaves in the marshes (below left). The* **Paraná** *River near the riverside resort of* **Empedrado** *(above).*

MISIONES

En el extremo norte, está la provincia de Misiones, cuyo territorio se extiende sobre una irregular meseta de 800 metros de altura, cubierta por una exuberante selva. Allí, a 50 km de Posadas se encuentran algunos de los treinta pueblos indígenas que fundaran los jesuitas en el siglo XVII. El más importante es el de San Ignacio Miní, cuyas ruinas han sido declaradas Patrimonio de la Humanidad por su destacada significación histórica. Allí los religiosos educaban a los indios, y con su colaboración hacían posible la realización de estas increíbles misiones. El avance de la selva y los feroces ataques de cazadores de esclavos no han sido suficientes para devastar por completo estos macizos templos.

On the northern end is the province of Misiones, whose territory extends over an irregular plateau about 2,625 feet high, covered by an exuberant forest. Some of the thirty native villages founded by the Jesuits in the seventeenth century can be found there, about 31 miles of **Posadas**. The most striking is that of **San Ignacio Miní**, whose ruins have been declared World Heritage on account of their important historical significance. The members of the religious order educated the natives there, and it was their cooperation that allowed the Jesuits to carry out these incredible missions. Neither the advance of the forest nor the ferocious attacks of the slave hunters have been able to devastate these solid temples completely.

La meseta misionera está aún, en gran parte, cubierta por una espesa selva. Ese es el hábitat del yaguareté, el felino más grande de América (izq.). El avance de la agricultura, va reduciendo paulatinamente los espacios selváticos, como este yerbatal, cuyo camino deja ver la tierra rojiza, por su contenido de óxidos de hierro (der.).
The Misiones plateau is still largely covered by a thick forest. This is the habitat of the **yaguareté**, the largest feline in the Americas (left). The advance of agriculture is gradually reducing forest areas; such is the case of this **yerba mate** plantation, whose paths show the reddish soil, high in iron oxide content (right).

CATARATAS DEL IGUAZU

Misiones es conocida internacionalmente por las Cataratas del Iguazú, compuestas por 275 saltos de majestuosa imponencia, como la Garganta del Diablo y el Salto San Martín. Son el centro de atracción del Parque Nacional que lleva su mismo nombre. Grandes Hoteles albergan turistas de todo el mundo que se acercan para contemplar y admirar la magnificencia y los secretos de la naturaleza.

*Misiones is well-known worldwide for its **Iguazú** Falls, consisting of 275 falls of majestic grandeur, such as the Devil's Gorge and **San Martín** Falls. The falls are the center of attraction of the national park that bears their name. Great hotels welcome tourists from all over the world who come to contemplate and admire the magnificence and secrets of nature.*

El tucán, ave típica que pone una nota de colorido a este singular paisaje (izq.arr.). Vista aérea de la Garganta del Diablo (izq.). Los saltos de agua conforman un espectáculo extraordinario y han sido declarados Patrimonio de la Humanidad (arr.), al igual que las Ruinas de San Ignacio Miní, asiento de las misiones jesuíticas (págs. siguientes)

*The toucan, a typical bird, gives color to this singular landscape (above left). Aerial view of the Devil's Gorge (left). The waterfalls constitute an extraordinary display and have been declared World Heritage (above), as have the Ruins of **San Ignacio Miní**, the seat of the Jesuit missions (following pages)*

CHACO

El monte chaqueño esta poblado de árboles tales como el quebracho blanco, colorado y el palo santo. Éstos han dado origen a una importante industria maderera que, junto con el algodón son las más destacadas actividades económicas de esta provincia. Los territorios chaqueños junto con los de Formosa formaban parte, hasta mediados del siglo XIX del llamado Gran Chaco Gualamba, poblado por tribus indígenas.

*The Chaco woodland is populated by trees such as the white and the red **quebrachos** and the lignum vitae. These have given rise to an important lumber industry which, together with the cultivation of cotton, constitutes the main economic activity of the province. Until the mid-nineteenth century, the territories of Chaco and Formosa formed part of the so-called **Gran Chaco Gualamba**, inhabited by indigenous tribes.*

El Impenetrable chaqueño (izq.). Puente General Belgrano, sobre el río Paraná (ab.).
*The **Chaco Impenetrable** (left). General **Belgrano** Bridge on the **Paraná** River (below).*

FORMOSA

Los extensos esteros de Patiño, sobre el río Pilcomayo, conforman un paisaje típico de las zonas tropicales. El territorio de esta provincia fue descubierto por los españoles durante las primeras expediciones del siglo XVI, pero el riguroso clima impidió su efectiva ocupación hasta muy posteriormente.
En 1884 fue constituida gobernación y en 1955 declarada provincia.

In Formosa, the vast marshlands of Patiño, on the Pilcomayo River, create a landscape typical of tropical areas. The territory of this province was discovered by the Spaniards during the first expeditions of the sixteenth century, but the hard climate precluded its settlement until much later.
In 1884 it was made into a governorship and in 1955 it became a province.

Esteros en Palmar Largo (der.). Las palmeras se han adaptado al riguroso clima (ab.).
*Marshlands at **Palmar Largo** (right). The palm trees have acclimatized to the harsh climate (below).*

El cóndor lo miró, voló del Ande
a la cresta más alta, repitiendo
con estridente grito: "éste es el grande"
y San Martín oyendo
cual si fuera el presagio de la historia,
dijo a su vez:"mirad ¡ésa es mi gloria!"
Olegario Víctor Andrade
El nido de cóndores (fragmento)

The condor looked at him, flew to the highest crest
of the Andes, repeating
with a strident scream, "this is the great"
and San Martín, hearing
as if it were an omen of history,
said, in turn, "behold, that is my glory!"
Olegario Víctor Andrade
El nido de cóndores (fragment)

CUYO

La Cordillera de los Andes, que fuera cantada y descripta en innumerables oportunidades, está unida indisolublemente a la historia argentina, pues constituye una permanente evocación de la epopeya del cruce que realizara el general San Martín con su ejército en 1817. Comprende dos cordones principales: uno es la cordillera oriental que comienza en el límite con la Puna y termina en el río Tunuyán, en la provincia de Mendoza, donde sus alturas llegan a los 5943 metros, en el cerro Bonete. El otro cordón, llamado cordillera occidental, paralelo al anterior, penetra en el territorio argentino en la provincia de San Juan.

La región presenta un clima variado y diversas clases de vegetación debido a la potencial fertilidad de su suelo, tierras áridas y desérticas donde crecen arbustos y árboles espinosos. Posee zonas nevadas donde se asientan centros turísticos, como Las Leñas y Los Penitentes (Mendoza), con paradores, hoteles y pistas para la práctica de esquí y otros deportes invernales.

La fauna de la zona cordillerana está coronada por la presencia del cóndor. La mayor de las aves voladoras, alcanza los tres metros de envergadura y anida en las altas cumbres. Majestuoso, imponente al planear, puede decirse que nadie le quitará su lugar como el rey de los cielos cordilleranos.

Las actividades agrícolas se desarrollan en los oasis de riego. Las principales industrias de la región están relacionadas con la producción petrolera y alimentaria, siendo la explotación vitivinícola la más importante.

Sus antecedentes étnicos datan de más de seis mil años. Prueba de ello son las pictografías que se descubrieron en la gruta de Intihuasi (San Luis).

Los grupos aborígenes que se establecieron en las provincias de Mendoza y San Juan, fueron cazadores, recolectores y agricultores que crearon los primeros canales de riego, antecedentes de los que hoy dan riqueza a la zona.

En cuanto a la característica geológica, hace millones de años el territorio que hoy ocupa La Rioja estuvo cubierto por el mar. Los ejemplares fosilizados de plantas y animales submarinos, constituyen un atractivo más para la región.

The Cordillera of the Andes, sung about and described at innumerable opportunities, is permanently united to Argentine history as a constant reminder of the epic of the crossing carried out by General **San Martín** and his army in 1817. It is formed by two main chains: one is the eastern cordillera, which starts at the limit with the **Puna** and ends at the **Tunuyán** River, in the province of Mendoza, where its high peaks reach 19,500 feet at Mount **Bonete**. The other chain, known as western cordillera, parallel to the first, enters Argentine territory in the province of San Juan.

The region presents a varied climate and diverse kinds of vegetation on account of the potential fertility of its soil, arid and deserted lands where thorny bushes and trees grow. It has snowy areas with tourist centers, like **Las Leñas** and **Los Penitentes** (Mendoza), with hotels, inns and slopes for skiing and practicing other winter sports.

The fauna of the cordillera area is crowned by the presence of the condor. The largest of flying birds, it reaches a span of almost ten feet and makes its nest on the high peaks. Majestic, imposing as it glides, it will never lose its place as the king of the cordillera skies.

Agricultural activities take place in the irrigated oases. The main industries of the region are related to oil and food production, but the wine industry is the most important.

The ethnic background of the area is over six thousand years old. Proof of this are the pictographs discovered in the cave of **Intihuasi** (San Luis).

The aboriginal groups that settled in the provinces of Mendoza and San Juan were essentially hunters-gatherers and farmers who created the first irrigation channels, the predecessors of those that bring wealth to the area today.

As for the geological features, it is known that millions of years ago the territory of the present province of La Rioja was covered by the sea, as indicated by the fossilized specimens of submarine plants and animals that constitute an added attraction to the region.

Cerro de la Gloria, monumento erigido en homenaje al general San Martín y a su campaña libertadora (izq.). Viñedos en Luján de Cuyo (arr.).
Cerro de la Gloria, a monument erected in honor of General **San Martín** and his liberating campaign (left). Vineyards in **Luján de Cuyo** (above).

LA RIOJA

Al norte de la región cuyana, está la provincia de La Rioja, retratada por poetas de la talla de Joaquín V. González y Arturo Marasso.

En su territorio convergen la tradición histórica aborigen y criolla con la imponencia de un paisaje natural que originó reservas nacionales de indudable belleza. Una de ellas es el Parque Nacional de Talampaya, donde existen paredones de roca roja que llegan a los 150 metros de altura en la zona denominada el cañón, y se extienden a lo largo de tres kilómetros. El Parque ha sido declarado Patrimonio de la Humanidad.

La segunda ciudad es Chilecito, famosa por sus viñedos que producen vinos de prestigioso y reconocido nivel internacional. En el norte de la provincia se encuentra, en el medio del campo, una enorme roca que muestra el perfil de un hombre de pelo largo. Esta roca bautizada como Señor de la Peña, es venerada cada año, conmemorando la Pascua de Resurrección. Es una de las ceremonias religiosas más originales que se realizan en el territorio argentino.

North of the Cuyo region is the province of La Rioja, portrayed by poets of the stature of **Joaquín V. González** and **Arturo Marasso**.

The aboriginal and Creole historical tradition and the grandiosity of a natural scenery that originated a national wealth of unquestionable beauty converge in its territory. One of these beauties is **Talampaya** National Park, where walls of red rock, reaching almost 500 feet in height in the area known as the canyon, extend for about 1.86 miles. The Park has been declared World Heritage.

The second city is **Chilecito**, famous for its vineyards that produce wines of prestigious and well-known international level. In the north of the province, in the middle of the fields, there is an enormous rock that shows the profile of a long-haired man. This rock, named Our Lord of the Boulder, is venerated each year in commemoration of Easter of Resurrection. It is one of the most original religious ceremonies of Argentina.

Datilera en la localidad de Patquía (izq.arr.). La ciudad de Chilecito, al fondo, el cordón montañoso del Famatina (ab.izq.)."La Catedral", en el Parque Nacional de Talampaya (der.). Pinturas rupestres (ab.).

*Date palm in the town of **Patquía** (above left). The city of **Chilecito**; in the background, the **Famatina** mountain range (below left)."The Cathedral", at **Talampaya** National Park (right). Cave paintings (below).*

MENDOZA

En la provincia de Mendoza, la más representativa de la región, se encuentran las mayores alturas de la Cordillera de los Andes: el Aconcagua, (el pico más alto de América, con 6959 metros) y el Tupungato (6800 metros). Cada verano miles de montañistas de todo el mundo se congregan para lograr el complicado ascenso hacia las cumbres más altas de Sudamérica. En la ciudad de Mendoza se halla el Parque San Martín; allí el Cerro de la Gloria conmemora la gesta sanmartiniana.

El centro termal más importante se sitúa en el Puente del Inca, una formación natural sobre el río Las Cuevas. Las Leñas es el principal complejo de esquí internacional de América del Sur. Allí una lujosa infraestructura hotelera recibe a los visitantes que disfrutan con la práctica de deportes invernales.

Portones del Parque San Martín traídos de Francia (izq.). Las Cuevas, en la frontera con Chile (ab.).
*The gates of **San Martín** Park, brought from France (left). **Las Cuevas**, on the frontier with Chile (below).*

In the province of Mendoza, the most representative of the region, are the highest peaks of the Cordillera of the Andes: Mt. **Aconcagua**, (the highest peak in the Americas, 22,831 feet) and Mt. **Tupungato** (22,309 feet). Every summer, thousands of mountaineers from all over the world get together to attempt the complicated ascent to the highest peaks of South America. **Cerro de la Gloria**, commemorating **San Martín**'s epic crossing of the Andes, can be found in **San Martín** Park, in the city of **Mendoza**.

The most attractive thermal center is located at **Puente del Inca**, a natural formation on **Las Cuevas** River. **Las Leñas** is the most important international ski complex of South America. A luxurious hotel infrastructure welcomes visitors who enjoy practicing winter sports.

El Aconcagua, visto desde el valle de los Horcones (der.). Cordón del Plata, en el camino a Uspallata (ab.). Mt. **Aconcagua**, seen from the **Horcones** Valley (right). **Cordón del Plata**, on the road to **Uspallata** (below).

Puente del Inca, formación natural en el antiguo camino del inca, cuya extensión es de unos 47 metros.
Puente del Inca, a natural formation on the ancient road of the Inca, whose length is about 154 feet.

SAN JUAN

Sus tierras vieron nacer a uno de los próceres más importantes de la historia del país, Domingo Faustino Sarmiento fue presidente de 1868 a 1874.

En esta provincia se encuentra el sorprendente Valle de la Luna. Esculturas naturales talladas por la erosión climática forman parte de su recorrido turístico. Está ubicado en el Parque Natural de Ischigualasto. Éste constituye uno de los yacimientos paleontológicos más importantes del mundo y muestra al descubierto formaciones geológicas de 200 millones de años. Ha sido declarado Patrimonio de la Humanidad.

*These lands were the birthplace of one of the most important national heroes in the history of our country. **Domingo Faustino Sarmiento** was president from 1868 to 1874.*
*The amazing Valley of the Moon is located in this province. Natural sculptures carved by climatic erosion are included in the tourist itinerary. It can be found in **Ischigualasto** Natural Park, one of the most prominent paleontological fields in the world, and shows, uncovered, 200-million-year old geological structures. It has been declared World Heritage.*

El cóndor despliega su majestuosidad (arr.).
Formaciones del Valle de la Luna (der.).
The condor displays its majesty (above). Formations of the Valley of the Moon (right).

"La copa", frente a las Barrancas Coloradas en el Valle de la Luna, su límite con la provincia de La Rioja.

"The cup", across from the Red Cliffs in the Valley of the Moon, its limit with the province of La Rioja.

SAN LUIS

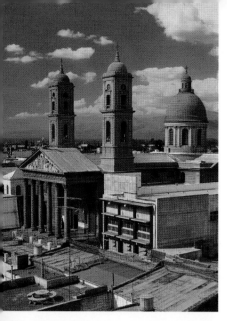

Esta provincia posee muchos lugares de armoniosa belleza. Su capital, fundada en 1594 en el extremo sur de las sierras, es dueña de una rica tradición cultural.

El Parque Nacional de Sierra de las Quijadas se ha transformado en uno de los principales puntos turísticos de la provincia. Gracias al paso del tiempo y a la erosión de diversos factores climáticos han quedado a la vista espectaculares formaciones geológicas de la era Mesozoica. La ciudad de Merlo, situada sobre la Sierra de Comechingones se ha convertido en los últimos años en otro centro turístico de relevante importancia por su agradable microclima.

The province of San Luis offers sites of harmonious beauty. Its capital, founded in 1594 at the southern end of the sierras, boasts a rich cultural tradition.

Sierra de las Quijadas National Park has become one of the main tourist spots of the province; due to the passing of time and the erosion caused by diverse climatic factors, spectacular geological formations dating back to the Mesozoic era have been uncovered and can be found in plain sight. In the last years, the city of **Merlo**, located on the Sierra of **Comechingones**, has become another tourist center of great importance due to its pleasant microclimate.

Catedral en la ciudad de San Luis (izq.arr.). Dique y embalse La Florida (izq.ab.). Palmeras Caranday en la sierra de Comechingones (arr.).
*Cathedral in the city of **San Luis** (above left). **La Florida** dam and reservoir (below left). **Caranday** palm trees in the Sierra of **Comechingones** (above).*

Flores de suave fragancia
toda la pampa brotaba,
al tiempo que coronaba
los montes a la distancia
un resplandor que encantaba
Hilario Ascasubi
Santos Vega

Flowers of mild fragance
sprouted all over the pampas,
while the hills at a distance
were crowned by
an enchanting radiance
Hilario Ascasubi
Santos Vega

CENTRO
CORDOBA Y LA LLANURA PAMPEANA

En la zona central de la llanura pampeana radica la gran riqueza agrícola y ganadera del país. Allí se cultivan cereales, oleaginosas, forrajeras, hortalizas y frutales.

La industria frigorífica originada por la ganadería es productora de carnes para el consumo propio del país y el exterior. A su vez, la excelente calidad de las vacas lecheras ha permitido el desarrollo de una industria que proporciona, además, leche pasteurizada, en polvo, manteca, quesos y sus derivados.

Producto de esta enorme producción que genera un gran movimiento de trabajo, se levantaron las estancias surgidas a fines del siglo XVIII y desarrolladas en el XIX que dan un marco particular a este paisaje campestre. Muchas de ellas son hoy hospedajes turísticos, donde es posible admirar la arquitectura y disfrutar de las actividades propias del campo argentino como cabalgatas, fogones y mateadas.

Otras han sido declaradas Monumentos Nacionales por su valor histórico; tal es el caso de la estancia del Pino, ubicada en el partido de La Matanza, o la finca de Santa Coloma en el partido de Magdalena, también la quinta de Pueyrredón en el partido de San Isidro. Esta última es un museo que alberga objetos de la familia que residió en ella y cuadros pintados por uno de sus integrantes, Prilidiano Pueyrredón, exquisito retratista del siglo XIX.

La ciudad de La Plata, nacida en 1882 como capital de la provincia de Buenos Aires, es una muestra del esplendor arquitectónico de fines del siglo XIX. Entre sus numerosos atractivos están su Catedral, el Museo de Ciencias Naturales, el Observatorio Astronómico y el Teatro Argentino.

En el centro de nuestro país está la provincia de Córdoba, conocida como "la docta", pues allí se encuentra la universidad fundada en el siglo XVII. También existen importantes edificios del período de dominación hispánica, destacándose la Catedral y la Iglesia de la Compañía de Jesús, configurado por el templo y el colegio que los jesuitas levantaron hacia el 1600.

In the heartland of the Pampean plains lies the great agricultural and cattle-raising wealth of the country. There, the cultivations of cereals, oilseeds, fodders, vegetables and fruits can be found.

There is a great development of the cattle-raising industry. The excellent quality of the milking cows has developed an industry that produces pasteurized milk, butter, cheese and other sub-products.

The **estancias** that appeared at the end of the eighteenth century and developed during the nineteenth, the result of this huge production that generates a great job movement, rise here and there, lending the country scenery a peculiar touch. Many of them are currently tourist lodgings, where visitors can enjoy the typical activities of the Argentine countryside such as horseback rides, camp fires and **mateadas**, (rounds of **mate**).

Others have been declared National Monuments on account of their historical value; this is the case of **Estancia del Pino**, located in the district of **La Matanza**, or the **Santa Coloma** residence in the district of **Magdalena**, as well as the **Pueyrredón** country home in **San Isidro**. The latter is a museum that preserves personal objects that belonged to the family that lived in it and paintings by one of its members, **Prilidiano Pueyrredón**, exquisite portraitist of the nineteenth century.

The city of **La Plata**, founded in 1882 as the capital of the province of Buenos Aires, illustrates the architectural splendor of the end of the nineteenth century. Among its numerous attractions are its Cathedral, the Museum of Natural Sciences, the Astronomical Observatory and the Argentine Theater.

Standing out in the center of the country is the province of Córdoba, also known as **"la docta"** ('the erudite') because of its university, founded in the seventeenth century. There are also important constructions dating back to the period of Spanish rule, outstanding examples of which are the Cathedral and the Church of the Company of Jesus, which includes the house of worship and the school that the Jesuits built towards 1600.

Plaza San Martín y catedral, en ciudad de Córdoba (izq.). Lago San Roque (arr.).
San Martin Square and cathedral in the city of **Córdoba** (left). **San Roque** lake (above).

CORDOBA

Está surcada por numerosos ríos y embalses que generan lugares de gran atracción turística, visitados durante todo el año, aptos para la práctica deportiva. Se suman a esto las fiestas regionales como el tradicional Festival de Cosquín, el de Jesús María, y la fiesta de la cerveza en Villa General Belgrano.

Su geografía de sierras, bosques y lagos se asemeja en parte a países de Europa central. Situación que causó en la década del '30 un éxodo de ciudadanos suizos y alemanes, que dieron motivo a la aparición de poblaciones de características alpinas.

*It is crossed by numerous rivers and dams that generate great tourist attractions, visited year round and suitable for the practice of sports. To this the regional festivities may be added, such as the traditional Festival of **Cosquín**, the Festival of **Jesús María**, and the beer fest in **Villa General Belgrano**.*

Its geography of sierras, woods and lakes is partly reminiscent of that of countries of Central Europe. This situation led to an exodus of Swiss and German citizens in the 1930s, and as a result, to the development of settlements of Alpine features.

Mina Clavero (izq.arr.). Camino de las Altas Cumbres (izq.ab.). Estancia jesuítica de Nuestra Señora de Alta Gracia, declarada Patrimonio de la Humanidad (arr.).
Mina Clavero (above left). *Camino de las Altas Cumbres* (below left). The jesuitic *Estancia* of Our Lady of *Alta Gracia* has been declared World Heritage (above).

LLANURA PAMPEANA

Esta extensa llanura comprende dos grandes subregiones: la pampa húmeda y la pampa seca. La primera, de tierras más fértiles, aptas para el cultivo de cualquier especie vegetal, y de clima más benigno está surcada por el río Salado y, más al sur, por los sistemas montañosos de Tandil y La Ventana. La pampa seca, está formada por largos y suaves valles, paralelos entre sí, donde la elevación más significativa es el cerro Lihué Calel, situado en el Parque Nacional homónimo en la provincia de La Pampa.

*The vast Pampean plains comprise two large sub-regions: the humid pampas and the dry pampas. The most fertile lands, suitable for cultivation of any vegetal species and with a more benign climate, are found in the former, crossed by the **Salado** River and, farther to the south, by the mountain ranges of **Tandil** and **La Ventana**. The dry pampas consist of lakes and smooth valleys, parallel to each other, where the most notable elevation is Mt. **Lihué Calel**, located at the National Park bearing its name in the province of La Pampa.*

El puma, felino característico de la región (izq.arr.). Los caminos en las extensas planicies de La Pampa, se funden con el cielo en el horizonte (izq.ab.). Cosecha de trigo (arr.).
The puma, a characteristic feline of the region (above left). The roads that cross the vast plains of La Pampa blend with the sky at the horizon (below left). Wheat harvest (above).

Los ganados vacuno y equino encuentran en la pampa húmeda un territorio ideal para su desarrollo.
Cows and horses find in the humid pampas an ideal territory for their development.

La ganadería es una de las principales actividades que se desarrolla en las estancias.

Cattle rising is one of the main activities in the **estancias**.

EL GAUCHO

Personaje asociado a la pampa y a la soledad, el gaucho es una figura por demás representativa de nuestra historia cultural. Nómada, valeroso, ligado a las actividades campestres, se encuentra en los orígenes de nuestra argentinidad y es símbolo de la libertad y la destreza vernáculas. Muchas de las actividades que él desarrollara han sido recogidas por las siguientes generaciones, configurando un colorido y atrayente espectáculo que se recrea en los festivales gauchescos. El Martín Fierro, poema de José Hernández con millones de ejemplares vendidos en el mundo entero, describe la solitaria vida de este pintoresco habitante de las pampas argentinas.

A character associated with the pampas and solitude, the gaucho is a highly representative figure of our cultural history. Nomadic, brave, connected to rural activities, the gaucho can be found at the root of our Argentine identity and is a symbol of vernacular freedom and dexterity. Many of the activities that he devoted himself to have been picked up by the following generations, constituting a colorful, attractive exhibition that is recreated at the gaucho festivals. **Martín Fierro**, *a poem by* **José Hernández**, *millions of copies of which have been sold all over the world, describes the solitary life of this picturesque inhabitant of the Argentine pampas.*

El gaucho utiliza mates y adornos de plata (izq.arr.). Desfile en el día de la tradición (izq.ab.). Las carreras cuadreras, se desarrollan sobre la distancia de una cuadra (arr.).
*The **gaucho** uses **mates** and silver ornaments (above left). Tradition Day parade (below left). The **carreras cuadreras** are run in a straight line along a distance of one block (above).*

En las carreras de sortija, los jinetes al galope, deben ensartar una pequeña argolla colgada de un arco (arr.). El hornero es el pájaro nacional (der.arr.). Carne al asador (der.ab.).
During a ring race the riders, in full gallop, must skewer a small ring hanging from an arch (above). The baker bird is the national bird (above right). Beef roasted on a spit (below right).

ASADO Y TRADICION

Y si de tradiciones se trata, nuestro país posee las más variadas. Así, desde la vestimenta del gaucho hasta sus diversiones, son motivo de permanente evocación. El asado es la comida tradicional, no solo en el campo, sino en la ciudad, donde muchos restaurantes ofrecen este manjar, plato obligado de los turistas que nos visitan.

Históricamente se considera a la carne argentina como la mejor del mundo; no en vano se encuentra entre los países líderes en exportación de carnes. Es muy común hallar en las principales capitales del mundo, restaurantes que resaltan en sus cartas el origen de sus carnes con una banderita celeste y blanca.

When it comes to traditions, our country has the most varied. From the gaucho's attire to his forms of amusement, they are permanently evoked. *Asado*, barbecued meat, is the traditional dish, not only in rural areas but also in the cities, where many restaurants offer this delicacy, a must for the tourists that visit us.

Historically, Argentine meat is considered the best in the world; it is no wonder that the country is among the leaders in meat exports. In the main capitals of the world it is very usual to find restaurants that highlight the origin of the meat they serve with a small light-blue and white flag.

Tiernos pastos para el pastoreo crecen en la pampa (izq.). El ciervo de las pampas es una de las especies protegidas (izq.ab.).Siluetas de gauchos en el campo (arr.).
Tender grasses for pasture grow in the pampas (left). The pampas deer is one of the protected species (below left). **Gauchos** *silhouetted against the rural sky (above).*

LA COSTA

En la costa atlántica se encuentran los balnearios más atractivos del país, desde amplias playas solitarias hasta los de categoría internacional, siendo Mar del Plata el más reconocido. Además del turismo veraniego resulta muy interesante recorrerlos en otras épocas del año pues su hotelería y sus paisajes constituyen un regocijo de particular encanto por los bosques de pinos que crecen junto al mar.

*On the Atlantic coast are the most attractive seaside resorts of the country, ranging from solitary beaches to international centers; the most renowned is **Mar del Plata**. Besides summer tourism, they are very interesting to visit at other times of the year, as their hotel facilities and their scenery offer the pleasure of the particular charm of their pine woods growing by the sea.*

Paisaje costero y playa de Pinamar (izq. y ab.). Puerto pesquero de Mar del Plata (der.).
*Seascape and beach at **Pinamar** (left and below). Fishing port of **Mar del Plata** (right).*

MAR DEL PLATA

Mar del Plata es la ciudad turística por excelencia. Más conocida como "la feliz", es además un importante puerto pesquero. Extensas playas se confunden con la infraestructura de una ciudad que presenta un constante movimiento económico, social y cultural durante los doce meses del año.

Gran actividad artística se despliega durante cada de verano. Una heterogénea cartelera de espectáculos se ofrece para los más variados gustos, tanto en teatro, como en cine, espectáculos callejeros, recitales y contiendas deportivas son algunos ejemplos que presenta la "Perla del Atlántico".

Además de su actividad turística, las industrias que se afincaron en esta ciudad contribuyeron a su desarrollo comercial. Tal el caso de la industria textil y la alimentaria, destacándose la elaboración de alfajores y del tradicional dulce de leche. El puerto es fundamental para la economía de la región, pues allí se comercializa la producción pesquera.

Mar del Plata *is the tourist city par excellence. Better known as "La feliz" ('The happy city'), it is also an important fishing port. Vast beaches go through and merge with the infrastructure of a city that boasts a constant economic, social and cultural movement all year round.*

Every summer there is great artistic activity. A heterogeneous billboard of shows caters to the most diverse tastes; theater, movies, street shows, recitals and sports events are some examples offered by "the Pearl of the Atlantic".

Besides its tourist activity, the industries that settled in the city have contributed to its commercial development. Such is the case of the textile and food industries; the production of **alfajores** *and of the traditional* **dulce de leche** *ranges high among their products. The port is fundamental, since the production obtained by the fishing boats is commercialized there.*

Playa Bristol (izq.) y Playa Varese (der.).
Bristol Beach (left) and **Varese** Beach (right).

Las vastas extensiones patagónicas, por su clima y pastos, son ideales para la cría de ganado ovino.

Because of their climate and pastures, the vast Patagonian lands are ideal for raising sheep.

PATAGONIA

En el fondo, negra y sombría, se alza la montaña caprichosa,
como jaspeada por las nieves que bajan de la cumbre erguida,
semejando copos de espuma que el mar colérico
le hubiera arrojado en su despecho imponente...
José S. Álvarez (Fray Mocho)
En el mar austral

Esta es una de las regiones más bellas de la Argentina, así como una de las más ricas por su actividad agrícola, ganadera y minera.

Está constituida por una meseta escalonada bordeada por el mar hacia el este y, hacia el oeste, por la cordillera de los Andes, que aquí es más angosta y estrecha. Las mayores alturas están representadas por los volcanes Lanín (3776 m), el Tronador (3554 m) y el monte Fitz Roy (3405 m).

El clima frío, con temperaturas por debajo de cero grados en invierno, ha posibilitado el desarrollo de una flora y una fauna únicas.

En cuanto a la vegetación son dignas de mención las diversas especies arbóreas, entre las que se destacan el pehuén, el coihue, la lenga y el alerce.

Entre los animales que habitan la región podemos mencionar el huemul, el ciervo pudú y el zorro colorado. En la costa bañada por el océano Atlántico hay lobos y elefantes marinos, delfines, ballenas y pingüinos.

La producción ganadera se concentra en la cría de ovejas, de gran desarrollo en la meseta, que produce lana de excelente calidad.

Los ríos descienden en torrente por las faldas de las montañas y van a desembocar, unos en el océano Atlántico y otros al Pacífico. Hay una zona de grandes y profundos lagos de inmensa belleza que dieron lugar a la creación de parques nacionales y reservas naturales reconocidos internacionalmente.

La historia de la región entrelaza el fuerte flujo inmigratorio que tuviera en el último cuarto del siglo XIX con las ancestrales tribus que ocupaban toda la patagonia. Los tehuelches, que habitaron el sur de la región pampeana eran grandes cazadores de guanacos y ñandúes. En el extremo sur, los pueblos basaban su sustento en la caza, la pesca y la recolección de especies marinas.

Las características que presentaban estos grupos que habitaron desde la apacible Chubut hasta la enigmática Tierra del Fuego, causaron un gran impacto, asombrando a los colonos europeos que llegaron a estas tierras.

In the background, black and somber, rises the capricious mountain,
as if speckled by the snow that descends from the erect heights,
like foam flakes that the irascible sea
had hurled in its imposing spite...
José S. Álvarez (Fray Mocho)
En el mar austral

Patagonia is one of the most beautiful regions of Argentina, as well as one of the richest because of its agricultural, cattle-raising and mining activity.

It is constituted by a plateau in steps, bordered by the sea to the east and, to the west, by the cordillera of the Andes, which is narrower in this area. Among the highest peaks are the volcanoes **Lanín** (12,388 feet), the **Tronador** (11,660 feet) and Mt. **Fitz Roy** (11,171 feet).

The cold climate, with below zero temperatures in winter, has made possible the development of a unique flora and fauna.

Regarding the vegetation, several species of trees are worth mentioning, among which are the pehuén (araucaria), the coigue (a southern beech), the **lenga** and the larch.

Among the animals that inhabit the area we can mention the **huemul** (deer), the **pudú** deer and the red fox. On the coast bathed by the Atlantic Ocean there are sea wolves and elephant seals, dolphins, whales and penguins.

The production of cattle concentrates on sheep raising, highly developed on the plateau, which yields wool of the highest quality.

Rivers stream down the slopes of the mountains; some of them pour into the Atlantic Ocean and others on the Pacific. There is an area of large, deep lakes of incredible beauty that have led to the creation of internationally renowned national parks and natural reserves.

The history of the region interweaves the strong migratory waves that it received in the last quarter of the nineteenth century with the ancestral tribes that inhabited all Patagonia. The **Tehuelche**, who populated the south of the Pampean region, were mainly **guanaco** and rhea hunters. At the southern end, the inhabitants based their sustenance on hunting, fishing and gathering.

The features presented by all the peoples that populated the area, from the placid Chubut to the enigmatic **Tierra del Fuego**, caused great impact, amazing the European settlers who arrived in these lands.

Centro cívico de San Carlos de Bariloche (arr.). Bosque de arrayanes (der.). / San Carlos de Bariloche Civic Center (above). Arrayán woods (right).

NEUQUEN

Sus lagos, como toda la región, son de una belleza deslumbrante, destacándose el Lácar, en cuya orilla se sitúa la ciudad de San Martín de los Andes. La pesca de salmónidos atrae aficionados de todo el mundo. La explotación del subsuelo, rico en minerales, petróleo y gas es motora del progreso de esta provincia. Villa La Angostura, a orillas del lago Nahuel Huapi, es uno de los lugares más bellos y paradisíacos del planeta.

*Like the rest of the region, its lakes have a dazzling beauty; most striking is Lake **Lácar**; on its edge lies the city of **San Martín de los Andes**. Salmon and trout fishing attracts enthusiasts from all over the world. The operation of the sub-soil, rich in minerals, oil and gas, is responsible for the progress of this province. **Villa La Angostura**, on the edge of Lake **Nahuel Huapi**, is one of the most beautiful, paradisiacal places of the planet.*

El catango, pone una nota de color en San Martín de los Andes (izq.arr.). Araucarias frente a la silueta del volcán Lanin (izq. ab.). Vista aérea del alto valle de Río Negro (arr.).
An ox-driven **catango** *lends a colorful note to* **San Martín de los Andes** *(above left).* **Araucaria** *trees and the* **Lanin** *Volcano (below left). View of the High Valley of* **Río Negro** *(above).*

Ovejas en el bosque de Quila Quina, un lugar encantador a orillas del lago Lácar, a unos diez y ocho kilómetros de San Martín de los Andes.
*Sheep at **Quila Quina** woods, an enchanting place on the edge of Lake **Lácar**, about twelve miles from **San Martín de los Andes**.*

"Casita del bosque", en el camino que une San Martín de los Andes con Hua-Hum, en la frontera con Chile.
"Cottage in the woods", on the road that links **San Martín de los Andes** *to* **Hua-Hum**, *on the border with Chile.*

RIO NEGRO

La ciudad turística más importante de la región es San Carlos de Bariloche, fundada en 1903. Está ubicada junto al Nahuel Huapi, un lago que tiene una extensión de 550 kilómetros cuadrados, y está a una altura de 767 m sobre el nivel del mar. Punto de partida de circuitos turísticos que conducen a los cerros Otto, Catedral y a la península de Llao Llao. En esta última se encuentra el hotel que lleva su mismo nombre, diseñado por el arquitecto Alejandro Bustillo, autor también de la conocida rambla de Mar del Plata.

Bariloche constituye un gran eje comercial y un afamado centro para la práctica de deportes invernales. Actualmente celebra cada año, desde las nevadas cumbres del Cerro Catedral, la tradicional Fiesta de la Nieve, en la que cientos de esquiadores descienden con antorchas que iluminan la noche de un paisaje mágico.

Otra de las atracciones que ofrece la provincia es el milenario bosque de arrayanes cuyos troncos son de color rojizo.

*The most important tourist city of the region is **San Carlos de Bariloche**, founded in 1903. It is located next to **Nahuel Huapi**, a lake with an extension of 212.5 square miles, at a height of 2,516 feet above sea level. It is the point of departure of tour circuits leading to Mt. **Otto**, Mt. **Catedral** and the **Llao Llao** peninsula. On the latter is the hotel of the same name, designed by architect **Alejandro Bustillo**, the creator of the also well-known seaside boulevard of **Mar del Plata**.*

***Bariloche** constitutes a great commercial resort and a famous center for the practice of winter sports. At present, each year it celebrates the traditional Snow Festival, in which hundreds of skiers descend from the snowy heights of Mt. **Catedral** bearing torches that light a magical nightly scene.*

*Another attraction the province offers is the millenary **arrayán** woods, with their reddish trees.*

Bosque de coihues a orillas del río Manso, en la cascada de los Alerces (izq.). El lago Moreno, coronado por el cerro Capilla al frente y el Tronador al fondo (arr.).
*Coigue woods at the edge of the **Manso** River, at **Los Alerces** Falls (left). Lake **Moreno**, crowned by Mt.**Capilla** in the foreground and Mt. **Tronador** in the background (above).*

Centro de esquí en el cerro Catedral, de reconocida fama internacional.

Internationally renowned ski Center at Mt. **Catedral**.

El glaciar Perito Moreno se encuentra sobre el lago Argentino; forma parte de los hielos continentales y ha sido declarado Patrimonio de la Humanidad.

Perito Moreno glacier lies on Lake **Argentino**; it forms part of the continental ice and has been declared World Heritage.

SANTA CRUZ

En el extremo sur del continente, Santa Cruz alberga lugares de interés arqueológico y paleontológico. En los Bosques Petrificados hay fósiles de hace 75 millones de años. Otro atractivo es la Cueva de las Manos, declarada Patrimonio de la Humanidad, allí se aprecian pinturas rupestres realizadas hace 9.000 años. Pero sin dudas, el espectáculo más imponente lo brindan los glaciares, cuando con intervalos de dos a cuatro años se producen las roturas de grandes bloques de hielo. Imágenes que demuestran al ser humano el poder y la belleza de la naturaleza en su máximo esplendor. Los más grandes son el Upsala y el Perito Moreno. Ambos integran el Parque Nacional Los Glaciares, también declarado Patrimonio de la Humanidad.

*Santa Cruz, at the southern end of the continent, presents places of archeological and paleontological interest. In the **Bosques Petrificados** ('Petrified Woods') there are fossils dating 75 million years back. Another place of attraction is the **Cueva de las Manos** (Cave of the Hands), declared World Heritage, where cave paintings painted 9,000 years ago can be appreciated. However, it is unquestionable that the glaciers constitute the most imposing spectacle as large blocks of ice break off every two to four years. Images of this phenomenon show humankind the power and beauty of nature in all its splendor. The largest glaciers are the **Upsala** and the **Perito Moreno**. Both are part of **Los Glaciares** National Park, which has also been declared World Heritage.*

El ñandú (izq.arr.). El cerro Fitz Roy, de 3.405 metros y el cerro Torre, junto al río Las Vueltas (izq.ab.). Cueva de las Manos (arr.).
The rhea (above left). Mt. Fitz Roy, 11,171 ft high, and Mt. **Torre***, near the* **Las Vueltas** *River (below left).* **Cueva de las Manos** *(above).*

CHUBUT

Su desarrollo se debe a la inmigración de colonos galeses que a partir de 1865 fundaron ciudades donde hoy sobrevive el arte de su repostería. El Museo Paleontológico Egidio Feruglio, exhibe fósiles de dinosaurios que habitaron la zona hace más de 300 millones de años. En 1907 se halló petróleo por primera vez en Comodoro Rivadavia, situación que generó una de las principales actividades económicas de la región.

La península de Valdés, declarada Patrimonio de la Humanidad, es el lugar ideal para los avistamientos de la ballena franca austral. Allí también se asienta la única colonia continental de elefantes marinos.

It owes its development to the immigration of Welsh settlers who, starting in 1865, founded cities where their confectionery art still survives at present. **Egidio Feruglio** *Paleontological Museum exhibits the fossils of dinosaurs that inhabited the area over 300 million years ago. In 1907 oil was found for the first time in* **Comodoro Rivadavia**; *this situation generated one of the main economic activities of the region. The* **Valdés** *Peninsula, declared World Heritage, is the ideal place for sightings of the southern right whale. The only continental colony of elephant seals is also settled there.*

Ciudad de Comodoro Rivadavia (izq.arr.).Puerto Pirámides, situado en la península de Valdés, desde donde salen los barcos para el avistaje de ballenas (izq.ab. y arr.).
*City of **Comodoro Rivadavia** (above left).Port **Pirámides**, located on the **Valdés** Peninsula, from which ships set sail for whale sighting (below left and above).*

Pingüinos de Magallanes, elefantes marinos y grupos de lobos marinos en la península de Valdés (izq.). Parque Nacional Los Alerces (arr.).
*Magallanic penguins, elephant seals and groups of sea wolves at the **Valdés** Peninsula (left). **Los Alerces** National Park (above).*

TIERRA DEL FUEGO

En esta provincia está la ciudad más austral del mundo: Ushuaia concita la atención no sólo por su paisaje de lagos y montañas, sino también por su Museo del Fin del Mundo. En el siglo XVI, los navegantes que incursionaron en el territorio se sorprendieron al ver la cantidad de hogueras que encendían los aborígenes del lugar; de allí el nombre de la isla.

*In this province we find the southernmost city in the world, **Ushuaia**, which attracts attention not only with its landscape of lakes and mountains but also with its Museum of the End of the World. In the sixteenth century, sailors who ventured into this territory were amazed to see the bonfires lit by the natives of the place; hence the name of the island.*

Vellón de merino (izq. arr.). Estancia María Behety (izq.). Ushuaia con el fondo del monte Olivia (arr.).
Merino sheep fleece (above left). **María Behety Estancia** *(left).* **Ushuaia** *with Mt.* **Olivia** *in the background (above).*

ANTARTIDA ARGENTINA

En el Sector Antártico Argentino hay destacamentos y bases que realizan tareas de investigación científica. El más antiguo data de 1904 y se instaló en las islas Orcadas. En las zonas costeras habitan elefantes, lobos y leopardos marinos, también aves como el pingüino emperador, el petrel y el albatros. Durante el verano cruceros turísticos permiten a visitantes de todo el mundo observar las maravillosas imágenes de un paisaje indescriptible.

In the Argentine Antarctic Sector there are outposts and bases that perform scientific research. The oldest, established on the Orkney Islands, dates back to 1904. In the coastal areas there are elephant seals, sea wolves and leopard seals, as well as birds like the Emperor penguin, the petrel and the albatross. During the summer, tourist cruises allow visitors from all over the world to observe the wonderful images of an indescribable landscape.

Pingüino de Magallanes (izq.arr.). Grupo de científicos en el glaciar Buenos Aires. Al fondo el monte Flora (izq.ab.). Fortín Sargento Cabral, primera población antártica permanente (arr.). *Magallanic penguin (above left). A group of scientists on **Buenos Aires** Glacier. In the background, Mt. **Flora** (below left). **Sargento Cabral** Fort, first permanent Antarctic settlement (above).*

Camino de lapachos en medio de un cañaveral azucarero en Jujuy.

Lapacho road in the midst of a sugar cane plantation in Jujuy.

La fotografía muestra, seduce, conmueve. Trasciende el tiempo y el espacio y documenta o recrea aquello que va más allá de nuestros ojos.

Nacida en 1839, rivalizó con la pintura durante el siglo XIX para adquirir vuelo propio en los inicios del siglo XX.

Así ocupó un espacio en el mundo de las artes visuales, recreando situaciones que conmueven nuestros sentidos.

De esta manera testimonia esa secreta ceremonia que se da entre la imagen y quien la mira permitiendo, como en este caso, adentrarnos en un paisaje de primavera que abre el camino hacia una ilusión o transitar por un otoño que evoca un recuerdo encantador.

Photography reveals, seduces, moves. It transcends time and space and documents or recreates what lies beyond our eyes.

Born in 1839, it competed with painting during the nineteenth century to acquire its own wings at the beginning of the twentieth.

Thus it occupied a space in the world of visual arts, recreating situations that move our senses.

In this way it bears witness to this secret ceremony that takes place between the image and its observer, allowing us, as in this case, to venture into a spring scene that opens a path towards an illusion, or walk in a fall that evokes a charming memory.

El jacarandá florece en primavera. Detalle de sus flores (izq.). Otoño en los bosques de Palermo, en la ciudad de Buenos Aires (arr.).
*The **jacarandá**, a spring-blossoming tree, and its flowers (left). Fall in the woods of **Palermo**, in the city of **Buenos Aires** (above).*

TRABAJO Y PRODUCCIÓN

Por su multiplicidad de climas y suelos, Argentina ha generado desde sus orígenes, actividades económicas relacionadas con la agricultura y la ganadería, que junto con la fertilidad de su tierra le ha valido el calificativo de "granero del mundo" hacia fines del siglo XIX.

Due to the multiplicity of its climates and soil, Argentina has developed, since its origins, economic activities related to agriculture and cattle-raising, which, together with the fertility of its soil, earned it the name of "granary of the world" towards the end of the nineteenth century.

Plantación de girasol en la provincia de Buenos Aires (izq.). Actividad comercial en el puerto de Buenos Aires (arr.).
*Sunflower plantation in the province of Buenos Aires (left). Commercial activity at the port of **Buenos Aires** (above).*

Roturación de la tierra para la siembra de trigo.
Breaking up the ground to sow wheat.

Pesca comercial en el puerto de Mar del Plata (izq.arr.). Soldadura en un reactor de destilería (izq.ab.).Buque cerealero con bodega cargada de trigo (der.).
*Commercial fishing at the Port of **Mar del Plata** (above left). Welding of a distillery reactor (below left). Cereal freighter with its hold filled with wheat (right).*

Batería petrolera en Mendoza (arr.izq.). Colada de acero en horno eléctrico (ab.izq.). Pozos de gas y de petróleo en Cabo Vírgenes, Santa Cruz (arr.der.). Generador eléctrico (ab.der.).
Oil separator towers in Mendoza (above left). Steel melt in an electric furnace (below left). Gas and oil wells at Cape Virgins, Santa Cruz (above right). Electric generator (below right).

Ruta Panamericana - Acceso Norte. / Panamerican Highway - Northern Access.

DEPORTES

Los deportes que se realizan en la actualidad aúnan aquellos originarios de nuestro país con los que fueron traídos por los inmigrantes. Así, podemos apreciar los acuáticos como el rafting y la pesca o los ecuestres como el pato y el polo. De manera excluyente, el fútbol domina la pasión popular, representados en este caso por sus dos eternos antagonistas: Boca Juniors y River Plate. El tenis, el rugby y el automovilismo han sabido, en los últimos años, captar una gran cantidad de aficionados a lo largo de todo el territorio argentino.

Current sports are a combination of those that originated in our country with those brought by the immigrants. Thus, we can see aquatic sports such as rafting and fishing, or equestrian sports such as **pato** and polo. Excluding all others, soccer dominates popular passion, represented in this case by its two eternal antagonists: **Boca Juniors** and **River Plate**. In the past few years, tennis, rugby and car racing have managed to gain a large number of fans all over the Argentine territory.

DELTA Y RIO DE LA PLATA

El río Luján en el Delta del Paraná, y su desembocadura en el Río de la Plata a la derecha.

*The **Luján** River at the **Paraná** Delta, and its mouth onto the River Plate to the right.*

TANGO

El tango está muy arraigado en las costumbres porteñas. Pablo y Mercedes bailan en el Puente de la Mujer (arr.) y en Caminito (der.)
*The tango, is rooted in the **porteño** customs. **Pablo** and **Mercedes** dance tango on the Woman's Bridge (above) and at **Caminito** (right).*

La calle Caminito, en el barrio de La Boca, nació como un teatro al aire libre. Hoy constituye un recorrido de gran atracción turística.
Caminito street, in the neighborhood of **La Boca**, was born as an open-air street theater. At present, it constitutes a highly attractive tour.

INDICE

Bajorrelieve de V. Walter
(1976) en La Boca..
*Bas relief by **V. Walter**
(1976) at **La Boca**.*

IMAGEN*tina*

BANCO DE IMÁGENES · LO MEJOR DE ARGENTINA
IMAGE LIBRARY · THE BEST FROM ARGENTINA

FOTOS © COPYRIGHT ENRIQUE LIMBRUNNER

www.imagentina.com.ar
info@imagentina.com.ar
Telefax (54-11) 4308-0309